AF328137

RÉFLEXIONS

SUR LA

TACTIQUE DE L'INFANTERIE PRUSSIENNE

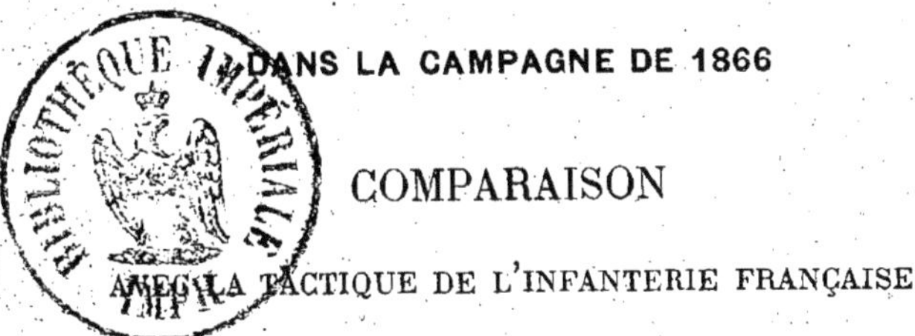

DANS LA CAMPAGNE DE 1866

COMPARAISON

AVEC LA TACTIQUE DE L'INFANTERIE FRANÇAISE

—

DE **LABAUME**

Chef de Bataillon au 21e Régiment.

—

CHAMBÉRY

IMPRIMERIE BONNE, CONTE-GRAND ET COMP.

—

1869

C.

Les questions d'organisation militaire et de tactique
sont à l'ordre du jour dans l'armée ; les conférences
ministérielles, sur tous les sujets ayant trait à l'art
militaire, ont éveillé dans les régiments un goût tout
nouveau pour l'étude des règlements et des méthodes
de guerre des armées étrangères. Cette étude constitue
le meilleur enseignement pour se connaître soi-même
et progresser dans une voie sûre et pratique. Parmi
toutes les excellentes mesures par lesquelles S. Exc.
monsieur le maréchal, ministre de la guerre, a voulu,
dans ces derniers temps, développer tous les éléments
moraux et matériels de la force militaire du pays,
nous croyons qu'il ne fut jamais plus heureusement
inspiré que lorsqu'il a inauguré ces conférences qui, en
appelant la controverse, ont dissipé bien des erreurs
ou des illusions chez les uns, apporté un complément
d'instruction bien appréciable chez les autres. Cette
controverse nous a vivement intéressé nous-même, et
nous avons consigné dans un mémoire les quelques
réflexions que nous avons pu émettre à l'occasion,
particulièrement en ce qui a trait à notre arme. Ce
n'est donc pas un livre nouveau, c'est un simple travail
d'étude que nous offrons à l'appréciation de nos quelques lecteurs.

Chambéry, le 1er juin 1869.

IMPERIAL.
TIMBRE

I

Depuis les guerres de l'Empire, les Prussiens n'ont fait que la campagne de 1848 et celle du Danemark en 1864.

On sait que la première n'a été qu'une intervention à main armée ; elle n'a duré que quelques semaines. Quant à celle du Danemark, les forces combinées de l'Autriche et de la Prusse assuraient aux armées alliées une telle supériorité numérique, que les Danois, adoptant une stratégie toute défensive, combattirent le plus souvent dans des retranchements ou derrière des lignes fortifiées. Aussi trouverait-on difficilement, dans toute cette campagne, une bataille ou même un combat dans lesquels se soient révélés, chez les Prussiens, une méthode de guerre nouvelle, quelque procédé tactique réellement nouveau.

Le mérite, même dans leur défaite, se rencontre plutôt chez les Danois que chez leurs adversaires. Eux seuls ont eu besoin d'efforts ingénieux, de moyens tactiques appropriés à leur faiblesse numérique et au genre de guerre qu'elle leur imposait. Ils eurent à souffrir du feu des canons rayés, bien plus que de celui de la mousqueterie et de quelque mode nouveau dans l'emploi de l'infanterie.

Si l'on peut dire que cette campagne eut cependant pour résultat d'appeler une attention plus spéciale sur les avantages du système d'arme à feu se chargeant par la culasse, ce ne fut guère encore qu'au point de vue de l'influence de ce nouveau système sur le moral des combattants, et nullement à celui de ses effets réellement destructeurs. Ainsi, on avait bien remarqué que, grâce à la construction de leurs fusils, les tirailleurs prussiens n'étaient pas obligés de se découvrir pour le chargement, et qu'ils pouvaient, se tenant cachés derrière l'abri le plus insignifiant, une pierre par exemple, engager presque sans danger le feu avec les tirailleurs danois que leur mode de chargement forçait à se démasquer. Mais ce précieux avantage, qui paraissait alors atténué par de sérieux inconvénients, n'avait pas conduit à soupçonner dans cette nouvelle arme l'influence décisive qu'on s'est plu à lui attribuer quelques années plus tard. Il faut croire que les Autrichiens eux-mêmes, quoique combattant à côté des Prussiens, n'avaient pas attaché une bien grande importance à cette arme à feu, puisqu'ils n'avaient rien fait pour l'introduire dans leur armement. Et cependant, deux ans plus tard, ils devaient lui attribuer tous leurs désastres.

Quoiqu'il en soit, rien dans cette campagne de 1864 n'avait encore révélé d'une manière sérieuse ce changement complet dans leurs principes et leurs méthodes de guerre, que les Prussiens ont importé chez eux dans ces dernières années ; et, bien que diverses publications militaires eussent dû déjà nous initier à l'évolution qui se préparait chez eux, on était généralement, en France, peu au courant des progrès de cette transformation. Aussi, il faut bien le dire, les premières relations de la campagne de 1866 ont-elles apporté chez nous un grand sujet de trouble et d'étonnement pour tous ceux que l'art de la guerre intéresse.

Tous les esprits ont été frappés de la rapidité des succès remportés par l'armée prussienne sur l'armée autrichienne, et chacun a voulu connaître les causes déterminantes d'une supériorité qui venait de s'affirmer d'une manière si évidente. Dans le premier moment de surprise, les conjectures ont paru s'égarer ; et parce que l'on croyait généralement les Prussiens encore attachés à leur ancienne routine, on a voulu voir dans la campagne de 1866 l'inauguration d'une tactique toute nouvelle là où il n'y avait réellement du nouveau que pour les Prussiens.

Faisant ensuite un retour sur nous-mêmes, sur nos mœurs et nos institutions militaires, sur nos méthodes de guerre, faisant presque totalement abstraction de nos propres qualités et ne voyant que nos défauts, quelques-uns ont jeté un véritable cri d'alarme qui a dû bien flatter l'orgueil d'une armée qui nous dénonce hautement et depuis long-temps comme ses adversaires fatalement prédes-tinés.

Cette alarme a eu au moins un bon résultat; on s'est enquis de tous cotés des méthodes de guerre, de la tactique des Prussiens. Une foule de publi-cations nous ont mis au courant de toutes leurs manœuvres. Dans nos régiments, on s'est pris de goût pour l'étude de tous les écrits allemands ou français qui, avec plus ou moins d'autorité, appor-taient au débat le contingent de leurs opinions. Les conférences ordonnées par S. Exc. le ministre de la guerre ont donné carrière à la discussion la plus large et la plus approfondie. Enfin la lumière s'est faite dans tous les esprits, et l'on peut dire aujourd'hui que chacun de nous, dans l'armée française, demeure convaincu que nous n'avons rien à craindre de l'avenir d'une campagne; que notre armement est supérieur à celui de nos futurs adversaires, que notre tactique a peu de chose à leur emprunter, quelle en a tout autant à ne pas

imiter; enfin que nos institutions militaires, appropriées à nos mœurs, à notre caractère et à notre
génie national, ne nous font en rien envier l'organisation militaire prussienne.

C'est cette conviction, puisée dans l'étude des
conférences ministérielles et d'un grand nombre
d'écrits spéciaux, que nous nous proposons de développer dans le présent mémoire, en y consi-
gnant successivement les réflexions que ce travail
nous a suggérées.

II

La campagne d'Italie a été certainement pour
les Prussiens un sujet d'étonnement et d'enseignement pour le moins aussi profond qu'a pu l'être
pour nous la campagne d'Allemagne de 1866. On
peut même se souvenir que leurs préoccupations
n'ont pas été moins vives que les nôtres, et Solferino a été bien près de leur mettre les armes à la
main.

Nous aussi, nous avions apporté sur le champ
de bataille, sinon une arme nouvelle, du moins
des moyens de destruction plus puissants que ceux
connus jusqu'alors. On s'est plu aussi à attribuer
aux canons rayés la plus grande part dans le succès de Solferino; mais plus tard, il a bien fallu
reconnaître que si l'artillerie avait par la plus
longue portée de ses armes considérablement

élargi sa sphère d'action sur les champs de bataille, le plus grand élément de succès résidait encore dans les qualités morales et physiques des combattants, dans les talents stratégiques de leurs généraux, et surtout aussi dans ces instincts et cette habitude de la guerre qui, à toutes les époques de notre histoire militaire, ont particulièrement distingué le soldat français, et dont les campagnes d'Afrique, de Crimée, d'Italie et du Mexique ont continué la tradition.

On connaissait au dehors l'élan, l'entrain, les longues marches dont sont capables nos soldats, mais tout cela n'était bon que contre des Arabes. Notre éparpillement, notre manque de formes, comme disent les Prussiens, devaient nous être fatals vis-à-vis d'une armée européenne, et charitablement on prenait la peine de nous en avertir. Alma, Traktir, Montebello, Palestro, Magenta, Melegnano, Solferino sont venus donner le plus éclatant démenti à tous ces pronostics, et alors on s'est pris à réfléchir aussi chez nos adversaires. Les généraux autrichiens déploraient bien encore, comme au temps de Mélas, la manière singulière et inusitée dont les Français livraient une bataille. Mais les Prussiens, meilleurs observateurs des choses de la guerre, plus prompts à tirer un enseignement de leurs propres revers aussi bien que de ceux de leurs voisins, analysaient et critiquaient à leur manière notre méthode de guerre; et comme en définitive elle nous conduisait à la victoire, ils ne tardaient pas à employer tous leurs efforts pour se l'approprier d'une manière plus ou moins heureuse.

Nous disons plus ou moins heureuse, car malgré le succès avec lequel ils en ont fait la première application sur les Autrichiens, nous ne croyons pas que notre manière de combattre, toute de tempérament, toute d'élan, d'initiative individuelle, convienne également bien à une armée composée d'éléments que les auteurs militaires et les officiers prussiens eux-mêmes, le plus naïvement infatués et abusés, nous dépeignent sous les traits suivants, pour établir la supériorité des aptitudes militaires de leurs soldats [1] : « La nature de nos soldats est « extrêmement appropriée à cette tactique. Le « soldat de l'Allemagne du Nord est généralement « un peu lourd; il est calme, son intelligence n'est « pas bien grande, mais elle est saine et naturelle. « Il n'a aucune ambition personnelle et les belles « paroles ne prennent pas sur lui, etc. »

L'auteur, qui nous semble prouver par là tout l'opposé de ce qu'il avance, termine en disant que, « chez le soldat prussien, l'exemple de son officier « l'anime, l'attire, et que le besoin d'admirer quel- « qu'un de tout son cœur le porte à suivre aveuglé-

[1] Etude sur la tactique, à propos de la campagne de 1866. — Traduit de l'allemand, par Furcy-Reynaud.

« ment son chef et à se dévouer à lui jusqu'à la
« mort. »

Quelle naïveté et quelle étrange présomption, que
de croire que de nos jours on peut conduire un
soldat au feu et lui faire endurer toutes les fatigues
d'une campagne, sans autre sentiment au cœur
qu'une profonde admiration pour chacun de ses
officiers ! Combien nous préférons le portrait tout
opposé que chacun peut faire du soldat français,
vif, intelligent et toujours accessible aux sentiments
les plus chevaleresques. S'il n'a pas le culte naïf
de ses chefs, nos officiers plus modestes ne lui en
donnent pas moins l'exemple de la bravoure et du
dévoûment, sans exiger en retour une admiration
sans bornes. Combien nous préférons encore le
principe démocratique de l'égalité sur lequel se
base toute notre organisation militaire, et en vertu
duquel toute ambition est permise à un soldat. Là
est le vrai ressort de la tactique moderne. Cette
tactique n'a rien de bien nouveau pour nous, et
nous maintenons qu'elle nous est dans son ensemble
essentiellement propre, en tenant compte cependant des modifications nécessitées par l'emploi tout
nouveau des armes à tir rapide, et que les Prussiens
ont judicieusement apportées dans l'imitation qu'ils
en ont faite.

Si nous cherchons le point de départ de cette
imitation, nous le trouvons dans la plupart des
écrits militaires allemands qui ont paru à la suite

de la campagne de 1859 et particulièrement dans la fameuse brochure du prince Frédéric-Charles de Prusse.

Ce prince, qui s'est illustré plus tard à Sadowa, était déjà en 1859 considéré comme un des officiers les plus instruits et les plus compétents de l'armée prussienne. Il préconisait, dès cette époque, avec toutes les réserves indispensables pour ménager l'orgueil national, nos méthodes de guerre; il insistait vivement, dans tous les cercles d'officiers, dans toutes les inspections militaires, pour qu'on abandonnât au plus vite la raideur dans les mouvements, la régularité absolue dans les manœuvres, l'inflexible soumission à la règle, au convenu; enfin, à tout ce qui constituait le type du soldat allemand et plus particulièrement du soldat prussien.

En échange, il leur recommandait la désinvolture du soldat français, et leur indiquait avec complaisance qu'un des premiers principes en vertu desquels les soldats se dirigent quand ils font la guerre, c'est de mettre complètement de côté les règlements, les instructions de la caserne et jusqu'au souvenir du champ de manœuvres. « Les « Français, dit-il, n'ont pas de tactique, ou plutôt « le soldat français marche toujours en avant. Telle « est la tactique française dans toute sa simplicité. « Peu importe la forme; elle diffère selon le but, « le terrain, les manœuvres et les fautes de l'enne- « mi. » Si cela était vrai, n'aurions-nous pas atteint la perfection ? Mais il vaut mieux croire que le prince Charles exagérait à dessein l'excellence de notre tactique, afin d'engager plus vivement les officiers prussiens à entrer dans cette voie d'imitation dans laquelle il voulait les pousser.

Continuons notre citation : « Le soldat français « est surtout pénétré de cette vérité, que la force « morale est supérieure à la force physique . . . . « Quant à l'officier français, il ne connaît point « cette crainte, cette gêne de ses supérieurs qu'on « trouve si souvent dans nos troupes. Il ne se sent « point écrasé pendant la présence d'un chef, et « chaque général comme chaque officier marche « au combat sans arrière-pensée, sûr de lui-même, « plein de confiance dans ses lumières et dans son « courage, *quelque peu fondées que soient ses pré-* « *tentions.*

« On comprend l'autorité que doivent avoir de « pareils officiers comparés à ceux qui craignent « la critique encore plus que l'ennemi, et auxquels « on a donné l'habitude d'une responsabilité trop « limitée.

« Le soldat français juge ses généraux bien « moins sur leurs talents dans l'art de commander « la manœuvre (le succès seul décidant pour eux « de la justesse de la manœuvre), que sur le don « qu'ils ont d'imprimer à la troupe l'élan ou l'im- « pulsion dont elle a besoin.

« Un autre principe essentiel des Français, un

« de ceux surtout qu'ils paraissent avoir le plus
« souvent pratiqué dans les dernières campagnes,
« c'est celui de ne jamais se défendre d'une manière
« passive, mais d'agir constamment dans l'offen-
« sive, même dans le cas où il ne s'agit que de se
« défendre. Rien n'est plus contraire au caractère
« des Français que de se défendre sur place. » Il
s'empresse d'ajouter : « On prétend même qu'ils
« n'y entendent rien, et il y a là une faiblesse de
« leur part dont nous devrons profiter.

« Si la Prusse se pose cette question impérieuse :
« Quel sera notre sort dans une guerre contre la
« France? Nous pourrons la vaincre, répondrai-je;
« et nous la vaincrons à coup sûr, si nous savons
« nous détacher en temps de guerre de la routine
« de la place d'armes, des exigences du règlement
« et de notre système de tirailleurs.

« Il y a, dit-il encore, trois conditions à observer
« simultanément pour rendre notre armée capable
« de vaincre une armée française : La première,
« c'est de développer les qualités militaires de
« chaque soldat; la seconde, de donner à l'armée
« des chefs qui aient la connaissance complète des
« trois armes principales; et la troisième, enfin,
« d'opposer aux Français, habitués à la guerre et à
« la victoire, une tactique plus variée et plus
« souple. »

Enfin, sous forme de conclusion, il indique

comme principales maximes de la nouvelle tactique qu'il propose :

« 1º Employer les tirailleurs par colonnes d'une « compagnie.

« 2º Par ce moyen augmenter la mobilité de « l'infanterie et lui ouvrir un champ libre.

« 3º Disposer l'armée en profondeur plutôt « qu'en largeur, ce qui augmente la force de résis- « tance des flancs et empêche la consommation « rapide des forces.

« 4º Disposer l'armée en échelons plutôt qu'en « échiquier, ce qui est le meilleur moyen d'appuyer « et de soutenir l'attaque impétueuse des tirailleurs « lancés au pas de course et à la baïonnette. »

Si nous avons si longuement insisté sur ces nombreuses citations, c'est que nous avons voulu établir d'une manière incontestable, et de l'aveu même de l'un des premiers généraux de l'armée prussienne, qu'en 1860, c'est-à-dire après la campagne d'Italie, les Prussiens étaient à la recherche d'une tactique plus souple, plus variée que celle qu'ils avaient pratiquée depuis la fin de l'Empire; et qu'ils présentaient, sous de faibles réserves, les qualités militaires de nos soldats et notre tactique dans les combats, comme éminemment appropriées à la guerre moderne. Ils puisaient leurs recherches dans les préceptes et maximes de guerre du maréchal Bugeaud, dans les instructions du maréchal de Saint-Arnaud et dans les relations françaises ou étrangères de nos campagnes de Crimée et d'Italie. Cette étude produisit en 1861 leur Ordonnance royale sur les Grandes manœuvres Prussiennes.

Ils ont eu bien garde de s'inspirer de nos règlements, car ils savent, comme le dit le prince Charles, qu'en passant la frontière, nous mettons de côté règlements et manœuvres; mais ils ont étudié notre manière d'être et de faire en campagne, et de cet ensemble, qui quelquefois nous a paru à nous-mêmes confus et sans méthode, que nous pratiquions depuis longtemps, il est vrai, mais par instinct plutôt que par principes, à l'encontre de tous nos règlements, quoique consigné dans quelques écrits de mérite, ils ont dégagé un corps de doctrine bien coordonné, un système tactique tout complet, qu'ils ont introduit immédiatement dans leurs règlements de manœuvres usuelles.

Dans leur satisfaction et la joie des succès qu'il leur a procurés, ils soutiennent qu'il est leur propriété exclusive; mais il est aisé d'y reconnaître l'origine française, malgré les formules prétentieuses sous lesquelles quelques écrivains militaires allemands ont voulu en gratifier tout particulièrement le génie militaire du soldat prussien [1]? Ainsi

---

[1] A qui voudrait contester notre priorité dans la tactique en question, nous citerons quelques lignes d'un petit opuscule déjà ancien et bien répandu dans l'armée : *Maximes, Conseils et Instructions sur l'art de la guerre*, 2ᵉ édition, réédité en 1855 :
« Les ploiements et les déploiements, à portée du canon ou

on ne peut s'empêcher de sourire quand ils nous disent que, « si dans les armées étrangères on vou-
« lait copier leur manière de combattre par colon-
« nes de compagnie, on ferait bien de se demander

d'une cavalerie entreprenante, offrent de grands dangers. Les petites colonnes à distance entière, avec de larges intervalles entre elles, sont maniables, passent partout, donnent peu de prise aux projectiles, sont prêtes à agir immédiatement par le choc, donnent par la multiplicité de leurs fronts, une somme de feux déjà considérable. On fera donc prudemment, en mainte circonstance, de les adopter tout d'abord, quand on est exposé à en venir inopinément aux mains, et ensuite à les maintenir ainsi en première ligne, jusqu'à ce qu'il soit démontré qu'il faut absolument les faire passer en ordre mince . . . .

« N'accumulez pas des masses les unes derrière les autres. Etendez votre front, ne craignez pas les larges intervalles, vous les masquerez au besoin par des tirailleurs . . . .

« Commencez par le feu des tirailleurs; engagez-le de loin, faiblement d'abord et donnez-lui une intensité de plus en plus grande, en faisant au besoin relever les premiers combattants par d'autres successivement plus nombreux. Ayez des soutiens tout prêts, afin de culbuter la ligne de tirailleurs ennemis, si l'occasion se présente bonne de la charger, surtout en flanc. Suivez avec vos lignes à petite distance, pour profiter des avantages de vos premiers coups de fusil.

. . . . « Le feu de deux rangs si usité dans nos simulacres de résistance d'un carré est très mauvais, en ce que la fumée empêche qu'il ait de la justesse, que les cavaliers s'y accoutument et le bravent ; qu'une fois commencé, on ne l'arrête pas quand on veut ; qu'il s'égare souvent encore sur une fausse attaque dirigée sur une face, tandis qu'il masque et empêche de voir une attaque vraie qui s'avance contre un angle. Le meilleur feu est celui de toute une face par salve faite de très près et à propos. »

« d'abord si, chez elles, la situation relative des
« officiers et de la troupe est la même que chez
« eux ; sans quoi on courrait fort le risque de n'en
« prendre que ce qu'elle a de défectueux. »

Du reste, nous ne devons pas nous étonner si
notre manière de faire la guerre est si diversement
et même si imparfaitement appréciée par la plupart
des auteurs allemands. A part le prince Frédéric-
Charles et un petit nombre de généraux qui ont
pu être parfaitement renseignés, soit par eux-
mêmes, soit par des documents recueillis conscien-
cieusement, sans prévention et sans passion, le
plus grand nombre de ces auteurs, disons-nous,
nous ont représentés tantôt comme combattant
d'une manière irrégulière et désordonnée, « *à la*
« *mode des hordes d'Attila,* » tantôt, au contraire,
comme assujettis aux prescriptions surannées de
nos règlements de manœuvres. Les premiers s'em-
pressent alors de promettre à leur armée une
victoire facile sur « *les légions de l'Empereur des*
« *Gaulois.* » Les autres, analysant nos règlements,
les trouvent si arriérés, si peu appropriés aux circonstances habituelles et aux exigences de la guerre
moderne ; ayant peut-être assisté à quelques-unes
de nos manœuvres, ils les trouvent si banales, si
peu en rapport dans leur dispositif avec la tactique
réelle du champ de bataille, qu'ils sont confondus
de nos succès et se croient alors forcés d'en rechercher la cause dans des circonstances heureuses,

dans des événements fortuits, mais jamais dans l'application des principes de l'art.

Ces derniers ignorent ce que deviennent nos règlements de manœuvres en campagne, et, dans cette ignorance, ils ont parfaitement raison. Quant aux premiers, ceux qui croient que nous combattons comme des *hordes,* nous voyant cependant le plus souvent victorieux, ils cherchent à dégager notre système, et en arrivent parfois à nous prêter les méthodes de guerre les plus incohérentes. En notre honneur, ils érigent en règle de combat des faits isolés, lesquels ont bien pu se produire dans les dernières guerres de Crimée et d'Italie, mais qui n'étaient que de simples accidents heureux et dont le succès nous a quelquefois le plus vivement étonnés nous-mêmes.

Quoiqu'il en soit, de cette ignorance ou de cette méprise il y a plusieurs conclusions à tirer : D'abord, les relations officielles de nos campagnes ont peut-être tort de ne pas entrer dans les détails du rôle tactique des diverses fractions de la troupe combattante. On y cite l'emploi d'un régiment quelquefois, rarement d'un bataillon, presque jamais d'une compagnie. Nos états-majors écrivent pour l'histoire, sans beaucoup se préoccuper de la partie dogmatique de leur récit. Aussi nous-mêmes sommes-nous souvent médiocrement intéressés par la lecture de nos propres campagnes, et les officiers y trouvent peu d'enseignements à leur portée. La stratégie y est savamment traitée, la tactique bien souvent à peine effleurée. Combien sont supérieures, sous ce rapport, les récentes relations de la campagne de 1866, et particulièrement celle de l'état-major prussien sous la direction du général de Moltke. A chaque page, un officier y trouve l'application, souvent la plus élémentaire, d'une manœuvre, avec l'indication des circonstances qui l'ont motivée, des résultats qu'elle a produits. Enfin, il n'est pas jusqu'à un simple groupe de tirailleurs, dont le rôle ne soit quelquefois relaté de manière à servir d'exemple à tout officier commandant une ligne de tirailleurs.

Ce n'est point là la grave concision de l'histoire; mais au point de vue de la science militaire, et pour les officiers en particulier, il serait à désirer que nos relations de campagne fussent écrites dans cet esprit. Nous serions plus en mesure de nous juger nous-mêmes et nous serions mieux jugés par les autres.

Quant à la méprise de ceux qui croient que l'armée française combat comme elle manœuvre, c'est-à-dire conformément à ses règlements, nous devons avouer que cette méprise même nous semble être la critique la plus sévère et la plus vraie que l'on puisse faire de ces mêmes règlements auxquels la routine nous a assujettis en garnison jusqu'à ces derniers temps.

Des marches en échelons ployés ou déployés, des

ploiements ou des déploiements qu'il faudra désormais éviter encore plus que jamais, quelques carrés formés à la hâte, de grandes lignes de tirailleurs lancés en avant sans trop de soucis des prescriptions réglementaires, constituent, au dire de tous ceux qui ont fait la guerre, tout le bagage à emporter sur le champ de bataille de ce grand arsenal tactique que nous appelons les Évolutions de ligne. Il est vrai qu'il se donne pour but de nous indiquer « tous les mouvements que peut « faire une ligne de plusieurs bataillons, *dans* « *quelque cas que ce soit.*[1] »

Qu'on supprime ces derniers mots, et qu'on les remplace par ceux de *à la guerre*, et immédiatement il ne nous restera plus en mains que ce que nous attendons tous, un Code de combat. On ne peut donner ce nom, cette portée pratique à l'ordonnance du 17 avril 1862. Comme l'indique son nom, ce ne sont en effet que de simples évolutions de ligne, que la plupart de tous ces mouvements dans lesquels huit bataillons déployés sur une même ligne, à la voix d'un seul, se meuvent lentement en tous sens, se ploient ou se déploient, en quelque sorte tout d'une pièce, par des dispositions minutieuses, compliquées, géométriques et sans souplesse, et presque toujours sur un terrain

---

[1] Parag. 1 du titre V de l'ordonnance du 17 avril 1862 sur l'exercice et les manœuvres de l'infanterie.

aussi plat que possible, en vue de la plus parfaite
régularité. Enfin, jamais une manœuvre proprement dite, dans laquelle on tiendra compte du terrain, d'après une idée générale prise pour base.
Aussi les Prussiens ont-ils raison de dire que nos
manœuvres sont d'une pauvreté choquante, et que
pour nous un accident de terrain est un obstacle,
tandis que pour eux il est un moyen.

Si l'on nous dit que nos Evolutions de ligne ont
surtout pour but d'excercer le coup d'œil des chefs,
de façonner les hommes à l'ensemble et à l'ordre
dans les manœuvres, et qu'en demandant cette régularité, on sait bien qu'il sera toujours loisible de
s'en départir pour se borner devant l'ennemi aux
seules manœuvres réellement praticables, nous
croyons que ce sous-entendu est tout ce qu'il y a de
plus fâcheux. Il ne peut avoir pour effet que d'induire en erreur sur la valeur de telle ou telle manœuvre qu'un chef pourra croire avantageuse, parce
qu'il l'a souvent régulièrement pratiquée sur le
terrain d'exercices. Il a encore pour résultat regrettable, en laissant croire qu'il a pourvu à tous les
mouvements que l'on peut faire, d'arrêter toute
initiative, et de donner des scrupules peut-être
fâcheux à un chef qui pourrait hésiter à employer
telle ou telle formation que le règlement n'a pas
expressément indiquée.

Nous ne pousserons pas plus loin nos observations sur l'ordonnance du 4 mars 1831 et celle du

17 avril 1862. La critique en a été faite dans ces derniers temps avec la plus grande élévation de vues, avec le jugement le plus sain et le plus pratique, par un général que son expérience autorisait à rompre en visière avec les traditions les plus invétérées. Depuis, d'autres généraux se sont mis à l'œuvre, et puissent leur grande expérience, leurs longues réflexions, nous doter bientôt de ce Code de combat si impatiemment attendu par l'infanterie française.

Puisqu'on ne peut se passer de certains mouvements indispensables pour manier une troupe, la disposer avec ordre et régularité sur un terrain donné, soit pour un exercice, soit pour une revue, que l'on ait au moins grand soin de distinguer les mouvements de simple évolution des mouvements de manœuvres proprement dites, et alors il n'y a plus de méprise possible, plus de sous-entendu nécessaire. On rentrera dans la pratique des vraies manœuvres de guerre. et officiers et soldats acquerront une instruction sérieuse. On ira moins au Champ-de-Mars qui, du reste, sera nécessairement délaissé. On lui préférera les terrains accidentés, et comme il ne s'en trouve de praticables aux environs des grandes villes qu'à de certaines distances, pendant l'hiver, ou au moins après les récoltes, on remplacera avantageusement la série des exercices quotidiens que nous pratiquons. pendant tout un été, par quelques manœuvres sur de vastes terrains en friche, manœuvres dont la donnée générale sera indiquée par le règlement. Sous ce rapport, nous avons été devancés par les Prussiens ; l'ordonnance royale du 29 juin 1861 sur les grandes manœuvres de l'armée prussienne est conçue dans cet ordre d'idées. Elle n'indique pas les manœuvres d'évolution de la brigade qui chez eux est la grande unité tactique, mais elle donne les préceptes généraux pour diriger et exécuter les manœuvres de guerre d'une brigade ou d'une division. On peut croire que notre commission des manœuvres s'inspirera avantageusement du plan et de l'esprit de cette ordonnance.

III

Nous avons cherché à établir, dans la première partie de ce mémoire, que la tactique actuelle des Prussiens leur avait été inspirée par l'étude qu'avaient faite leurs généraux de notre manière de combattre. Nous avons dit quelles réflexions et quels conseils à ses officiers avaient suggérés au prince Frédéric-Charles notre méthode de guerre en Italie, les qualités essentielles de notre armée et particulièrement celles du soldat français; enfin, quelle part il avait su faire, dans nos règlements de manœuvres, de la manière dont nous les appliquions sur le champ de bataille, avant d'introduire dans la tactique de l'armée prussienne ce qui constituait notre véritable supériorité.

Mais ne semble-t-il pas évident pour tous que les Prussiens, poussés dans cette voie, ne s'y sont si bien engagés qu'ils ont du premier coup dépassé le but? Leurs généraux eux-mêmes ne seront-ils pas bientôt amenés à regretter amèrement cette trop fidèle copie de nos défauts aussi bien que de nos qualités? Car si, en France, nous avons pu dire quelquefois que telle ou telle bataille avait été livrée par les soldats, du moins n'avons-nous pas complètement répudié l'intervention de nos généraux.

En Prusse, après Sadowa, les capitaines prussiens ont mis leurs généraux au repos; rien au-dessus d'un capitaine prussien. Tous les grades supérieurs, même dans leur propre armée, ils les prennent en pitié ; et, comme « toute leur tactique « est basée sur leur mérite incontestable, » chaque capitaine prussien s'est cru dans cette campagne un général en chef au petit pied, engageant la bataille et décidant à lui seul du succès, voulant bien à l'occasion recevoir dans les rangs de sa compagnie un colonel, un général sans soldats, et qu'il a rencontrés fort en peine sur le champ de bataille. Heureux celui-ci, si on veut bien partager avec lui le commandement de la compagnie, « car ce n'est « pas à dire pour cela qu'elle sera mieux comman- « dée. [1] »

---

[1] Nous sommes loin, comme on le voit, de cette contrainte que le prince Charles reprochait en 1860 aux officiers subalternes prussiens devant leurs chefs.

Le grand talent du capitaine prussien, c'est de s'affranchir de tous ses chefs, de tout ensemble imposé, de n'avoir pas même besoin d'ordres pour engager le combat et « de savoir bientôt résoudre « une bataille en une série de petits combats par- « tiels et locaux. C'est là, disent les Prussiens, « en quoi ils excellent et ce qui leur a donné une « réelle supériorité dans ces derniers temps. »

Faut-il donc croire que le fusil à aiguille a changé tous les préceptes les plus élémentaires de la tactique, et que, parce que le fusil nouveau tire plus rapidement que ses devanciers, nous devions ajouter foi à la supériorité d'un système qui renverse tous les principes reçus jusqu'à ce jour? Une troupe peut-elle dans le combat s'affranchir impunément de l'ordre, de l'ensemble, de cette simultanéité d'efforts collectifs, stimulés ou contenus selon les circonstances, et que peut seule maintenir, sur le champ de bataille, l'autorité d'un général actif, ayant l'œil à tout; en un mot tenant, comme l'on dit, tout son monde dans la main? Malgré le succès de Sadowa, nous ne croirons jamais que la tactique des capitaines prussiens, combattant chacun pour leur compte, soit un progrès réel. Nous verrons d'ailleurs que la tactique n'a pas eu dans la campagne de 1866 l'influence souveraine qu'on lui a attribuée.

Il est bon de dire que les défauts que les Prussiens ont imités en nous les ont amenés aux mêmes résultats; c'est-à-dire que, malgré que leurs règlements soient récents et paraissent rédigés dans un esprit aussi pratique que possible, ils en ont, sur le champ de bataille, laissé de côté les préceptes méthodiques et sagemeut régulateurs. Aussi sont-ils arrivés comme nous à une pratique bien différente de leur tactique écrite. S'il faut lire la relation du général de Moltke pour bien connaître la campagne de 1866, il convient également de lire d'autres ouvrages moins officiels, pour savoir comment les dispositions tactiques qu'il relate si minutieusement ont été maintes fois exécutées en réalité. On peut dire de l'aveu même des officiers prussiens [1] que jamais pareil désordre, semblable pêle-mêle ne s'est produit dans aucune des batailles que nous avons livrées. Ce qu'il y a de bizarre, c'est que, dans l'enivrement de leur victoire, les Prussiens se font un mérite de ce désordre et l'élèvent à la hauteur d'un phénomène tactique, d'une loi qui s'impose à leur génie national, dont eux seuls possèdent la science et savent seuls tirer parti.

Ils avouent que dès la première phase d'une bataille, les compagnies de la 2me ligne ne tardent pas, par suite de leur impatience à prendre part au combat, à rejoindre celles de la première ligne; que la réserve elle-même, pour ne pas rester trop éloignée des combattants, suit de près la deuxième

---

[1] Etude sur la tactique à propos de la Campagne de 1866. — Traduit de l'allemand par Furcy-Reynaud.

ligne, et que bientôt elle est prise elle-même d'un désir immodéré de se lancer en avant.[1] Comme elle ne trouve pas assez de place pour s'intercaler, tout naturellement elle refluera vers les ailes, et débordant ainsi l'ennemi, elle l'inquiètera sur ses flancs. Si, au milieu de la confusion résultant d'une pareille manière de combattre, des hommes s'égarent de leur compagnie, et qu'au bout d'un certain temps on ne voit de tous côtés que des soldats dispersés, laissant, à dessein ou autrement, passer devant eux leur compagnie, pour rester en arrière, il ne faut pas s'en inquiéter outre mesure. Ils rencontreront toujours un officier qui, avec cette initiative qui ne lui fera jamais défaut, en organisera promptement une compagnie, un demi-bataillon, et les groupera autour de lui, appartinssent-ils à tous les corps possibles. « Car il n'y a pas de raison pour qu'en « Prusse, une troupe formée provisoirement d'hom- « mes appartenant à tous les régiments soit en rien « inférieure à une troupe constituée réglementaire- « ment. »

---

[1] N'est-ce pas là un des inconvénients les plus sérieux de ces colonnes agissant presque isolément et employant à la hâte, et sans concert préalable avec les colonnes voisines, la deuxième ligne et bientôt après leur réserve ? — N'est-ce pas là la réponse à faire au Prince Charles, lorsqu'il propose comme troisième principe de la nouvelle tactique : « Disposer l'armée en profondeur « plutôt qu'en largeur, ce qui augmente la force de résistance « des flancs et *empêche la consommation rapide des forces.* »

« On ne manquera pas d'objecter, disent-ils, qu'il
« résultera de cette manière d'agir une énorme
« difficulté de *se débrouiller* après le combat. A
« cela nous répondrons que la première chose et
« la plus importante, c'est de remporter la vic-
« toire, et qu'ensuite on se débrouille bien plus
« facilement que quand on a été battu. »

Peut-on ériger en principe d'une manière plus
absurde le désordre et l'absence de toute tactique,
et y suppléer par une forfanterie plus burlesque !
On le voit, parmi nos défauts, il n'est pas jusqu'à
la théorie de *se débrouiller* comme on peut, que
ne nous aient empruntée les Prussiens ; mais il faut
avouer que du premier coup ils sont passés nos
maîtres dans l'art de combattre à la mode française, *comme les hordes d'Attila.* Avec cette différence que nous, nous le regrettons, et que nous
faisons tous nos efforts pour en atténuer les effets :
tandis qu'eux s'en vantent et croient y trouver les
plus sûrs éléments du succès. Parce qu'ils se sont
convertis tard à une idée, à l'individualisme et à
l'initiative dans tous les degrés de la hiérarchie,
ils croient l'avoir inventée et poussent cette idée
jusqu'à ses plus extrêmes conséquences.

Devons-nous encore admettre sans conteste les
mérites qu'ils attribuent à l'ordre perpendiculaire,
dont ils sont les partisans déclarés, et confesser
sans examen l'infériorité de l'ordre parallèle auquel
ils nous croient, bien à tort, invariablement assu-

jettis? Est-ce à dire que leur formation tant préconisée de toutes les fractions de leurs lignes en Avant-Garde, Gros et Réserve, soit le dernier mot de la tactique moderne? D'abord, si la mise en action successive de chacune de ces fractions est fort discutable en théorie, nous savons encore comment dans la pratique ce jeu s'est opéré, et si toutes ces colonnes parallèles ont bien réellement agi par efforts successifs et convergents, comme c'est leur but avoué. N'avons-nous pas vu au contraire, par suite de l'initiative excessive que se sont attribuée les capitaines prussiens, les diverses lignes se trouver promptement engagées toutes ensemble, et des compagnies se portant de droite à gauche, et bientôt séparées de leur bataillon et même de leur brigade.

Doit-on également, selon les préceptes du prince Frédéric-Charles, rejeter l'ordre en échiquier au profit exclusif de l'ordre en échelons? Nous ne croyons pas qu'il soit possible d'adopter exclusivement telle ou telle formation, et il est certain que l'ordre perpendiculaire, tel que le pratiquent invariablement les Prussiens, peut amener des mécomptes aussi désastreux que l'ordre parallèle pourrait en causer dans une armée qui ne connaîtrait pas d'autre formation. Il nous semble même que l'ordre parallèle est bien mieux approprié à l'influence de plus en plus grande de la mousqueterie dans la tactique. L'ordre perpendiculaire restreint le front et, par conséquent, diminue les feux; il nous paraît convenir plutôt à une armée qui *va de l'avant*[1], et qui compte plus sur son élan et sur sa baïonnette que sur son feu. Cette formation aurait donc dû avoir toutes nos préférences, si nous avions été capables d'en préférer une. Mais aujourd'hui, est-ce bien là la tactique à adopter en présence des armes à feu et de l'artillerie à grande portée dont sont pourvues toutes les armées bien organisées ? Au surplus, M. le commandant Fay, dans une de ses Conférences, répétant sous une autre forme les paroles du prince Frédéric-Charles, nous semble avoir fait l'éloge le plus vrai et le plus modestement flatteur que l'on puisse faire de notre tactique et de nos généraux.

« C'est nous faire beaucoup trop d'honneur que
« de nous croire attachés à un mode invariable de
« combattre ; la vérité est que nous n'en avons
« aucun de bien fixe ; que du moins nous serions
« fort embarrassés de le définir. Car, de fait, nos
« généraux se bornent, sans parti pris, à faire de
« leur mieux, selon les circonstances et selon le
« terrain. » Le prince Charles a eu même la courtoisie d'ajouter : « et selon les fautes de l'ennemi. »

Quant à nous, il nous semble que le problème que la tactique a à résoudre est celui-ci : Se pré-

---

[1] « Le soldat Français marche toujours en avant ; telle est la
« tactique française dans toute sa simplicité. » (*L'Art de combattre l'armée française.*)

senter au combat, c'est-à-dire en première ligne, *ni ployé, ni déployé,* du moins dans le sens absolu de ces deux expressions. Cette conclusion peut sembler un paradoxe, et alors on nous demandera quelle formation intermédiaire il serait possible d'imaginer. Nous répondrons qu'on ne devra pas en première ligne employer d'une manière absolue tel ou tel mode de formation, c'est-à-dire qu'on pourra avoir des bataillons déployés, à leur côté des colonnes de compagnie ou de division et même de demi-bataillon, suivant que l'on aura devant soi une ligne de feux redoutables, ou qu'on sera en présence d'une position qu'il faudra résolûment aborder. Enfin, il faudra pouvoir passer prompte-ment, selon les incidents de la lutte, de l'une à l'autre de ces formations, à l'initiative du chef de bataillon et même du capitaine, sans qu'il soit né-cessaire que ces changements aient lieu sur toute l'étendue de la ligne. Il pourra même quelquefois y avoir aux ailes des bataillons en colonne; on ne les placera pas invariablement à la hauteur de la ligne. Il pourra être utile de les tenir ainsi ployés un peu en retraite, dans une position intermédiaire entre la première et la deuxième ligne. Il est évi-dent que la distance entre les deux lignes devra être considérablement augmentée, il faudra alors mieux garder les flancs contre une attaque ino-pinée. On se préoccupera peu des intervalles plus ou moins grands, irréguliers même, que ces diverses formations pourront produire sur le front d'une même ligne. Ces intervalles, on les garnira aussi bien que possible de tirailleurs plus ou moins espacés, et lesquels devront avoir la plus grande attention à remplir de leur mieux les ouvertures qui peuvent aller en s'élargissant, par suite des mouvements plus ou moins indépendants les uns des autres auxquels seront amenés des bataillons contigus.

La formation élémentaire qui nous semble répondre le mieux aux nécessités de cette tactique, c'est la colonne de compagnie ou de division, et c'est dans cette formation que réside l'idée originale des Prussiens, le progrès qu'ils ont réalisé.

La colonne de division existait bien dans notre règlement de 1862, mais nous n'avions pas eu occasion d'en faire application à la guerre; et, à vrai dire, il entrait dans l'esprit du plus grand nombre qu'elle n'était qu'une formation de marche, un moyen d'atténuer les flottements d'une marche en bataille un peu prolongée, et nullement une formation de combat.

Les Prussiens ne se présentent pas autrement au combat. Chaque colonne de compagnie, ployée ou déployée, forme, en première ligne, une véritable unité tactique indépendante laissée à l'initiative de son chef. Ils ne s'astreignent à aucun intervalle fixe.

Prenons sans hésiter, dans cette manière de faire, tout ce qu'il y a de bon; mais gardons-nous bien de rompre l'unité tactique de bataillon. Nous avons vu quels graves inconvénients amène l'unité tactique par compagnie, quels désordres elle produit dans le combat; et quoique nous croyons tous nos capitaines aussi dignes que les capitaines prussiens de toute la confiance de leurs chefs, et mériter aussi bien qu'eux l'initiative qui pourrait leur être laissée sur le champ de bataille, nous pensons qu'aujourd'hui, autant que jamais, un chef de bataillon devra tenir tout son monde dans la main.

La tendance des capitaines prussiens à résoudre toute bataille en une série de combats partiels et locaux forcera-t-elle leur ennemi à adopter nécessairement la même tactique? Nous ne le croyons pas, surtout si l'on tient compte de l'appui de l'artillerie et particulièrement de la cavalerie divisionnaire, si celle-ci adopte le rôle qui lui est tracé dans l'art. Ier du chap. II des *Observations sur le service de la cavalerie en campagne.*

D'ailleurs, lorsque l'auteur que nous avons si souvent cité dans ce Mémoire vient nous dire : « Autant il y a de capitaines engagés en pre- « mière ligne, autant il y a là de volontés dans les- « quelles on peut mettre la plus grande confiance. » On peut certainement lui répondre que, sans mettre en doute la confiance qu'il accorde à ses camarades, il est permis de croire que toutes ces volontés ne sont pas toujours parfaitement à l'unisson et toujours bien en situation d'apprécier les divers incidents de la lutte. Il nous semble bien difficile pour le chef de bataillon prussien de coordonner les efforts de toutes ces volontés reconnues indépendantes, et de les diriger au moment voulu vers un même but.

Après tout, il n'est pas nécessaire de prendre bien au sérieux l'éloge emphatique que les Prussiens font de l'intelligence et des qualités militaires de leurs officiers. Certains aveux prouvent qu'ils n'ont guère mieux fait que n'eussent fait d'autres officiers; et ce n'est que par un concours de circonstances heureuses que leur tactique a prévalu, malgré l'abus qu'ils en ont fait. C'est cet abus que nous devons soigneusement éviter. Nous n'en sommes pas, nous, à avoir besoin de recommander l'élan et l'initiative individuelle à nos troupes; il nous faut au contraire les contenir. Ouvrons l'intelligence de nos soldats aux détails de la guerre et surtout du rôle de tirailleur, développons leur instruction individuelle de manière à fortifier la valeur de chacun des éléments du tout; mais que ce tout reste toujours et partout dans la main de son chef. Écartons rigoureusement tout ce qui ne serait pas conforme à cette éducation militaire. Dans le bataillon prussien, nous ne découvrons pas le rôle du chef de bataillon, du moins tel que nous le pratiquons en France.

Nous dirons en terminant comment on pourrait

désirer que le bataillon et la compagnie fussent constitués en vue du rôle qui leur sera désormais attribué.

Nous avons souvent, dans le cours de ce Mémoire, émis cette réflexion, que les Prussiens avaient été victorieux en 1866 malgré leur tactique; que cette tactique, judicieuse dans son esprit, avait été faussée ou au moins exagérée dans son application; et que, malgré tout ce qu'ont écrit leurs auteurs militaires pour justifier après coup ce qu'ils appellent un phénomène nouveau, ils pouvaient être aussi bien battus pour les causes mêmes qui leur ont donné la victoire.

Nous avons signalé cette singularité, qu'alors que notre manière de combattre était supérieure à notre tactique écrite, à nos règlements de manœuvres, les Prussiens, introduisant dans leurs règlements notre tactique de fait qui n'était écrite et formulée en principes presque nulle part, se donnaient ainsi un véritable manuel de combat que nous pouvions leur envier. Mais à leur tour, à la première occasion, ils négligeaient les prescriptions si sages, si pratiques de leur ordonnance du 29 juin 1861; et l'on peut dire que leur tactique sur le champ de bataille n'a guère ressemblé à celle qui est si bien indiquée dans ce règlement. Car, nous le répétons, nous ne croyons guère aux phénomènes nouveaux par lesquels ils cherchent à expliquer, et même à glorifier cette contradiction.

Et cependant ils ont été vainqueurs. — A quoi donc ont tenu leurs succès?

Sans entrer dans une étude approfondie de la campagne de 1866, nous dirons qu'ils ont été vainqueurs :

D'abord, parce qu'ils s'étaient de longue main et soigneusement préparés à cette guerre, qu'ils en avaient à l'avance accumulé tous les moyens matériels, et qu'aucun détail d'exécution ne les avait pris au dépourvu.[1] Parce qu'ils avaient un arme-

---

[1] Il faut, il est vrai, dans cette appréciation, tenir compte de la courte durée de cette campagne. On peut croire que tout n'eût pas aussi bien fonctionné, si l'on se fût éloigné davantage de sa base d'opération, pour entrer au cœur d'un pays complètement hostile. Mais, pour donner une idée du soin que mettent les Prussiens dans la préparation de tous les détails de la guerre, nous citerons cette grande manœuvre qui vient d'avoir lieu aux environs de Berlin, et dans laquelle on a simulé un champ de bataille, tel qu'il est de nos jours après une affaire meurtrière. On a supposé les morts et les blessés emportés du champ de bataille ; les ambulances étaient équipées comme pour la guerre, les chirurgiens faisaient leur service et surveillaient les voitures de blessés, comme si le champ de bataille eût été réel. Dans le but d'éprouver l'efficacité du service médical, on a simulé un plus grand nombre de blessés qu'il n'y en aurait vraisemblablement à l'occasion, et l'on a supposé des blessures de toutes sortes. Tous les blessés recevaient un premier pansement sur le champ de bataille même. Le journal ajoute qu'il y a tout lieu de croire que le corps médical prussien a eu plus de mal dans cette journée qu'à Sadowa même.

Les Prussiens font tout sérieusement, et nous ne doutons pas

ment, sur la nouveauté autant que sur la supériorité duquel ils avaient basé une confiance extrême, et cette confiance, ils avaient su la faire partager à toute leur armée.

Parce que toute cette campagne a été conduite mollement, et souvent avec une inhabileté évidente, par la plupart des généraux ennemis. Enfin, surtout parce que le général en chef autrichien a adopté un système de guerre tout opposé à celui qui pouvait contrebalancer l'audace et la rapidité d'exécution de la stratégie prussienne. Ainsi, le plan stratégique des Autrichiens fut purement défensif en Bohême, et leur tactique, le plus souvent offensive au moment du combat, complètement au rebours de tout ce qu'ils auraient dû faire. Dès les premiers jours de cette campagne, leur stratégie devait être offensive; ils devaient se porter aussi promptement que possible au-devant des Prussiens, et, puisqu'ils n'avaient pu empêcher l'envahissement de la Saxe, se porter au moins à l'entrée des défilés par lesquels les Prussiens devaient entrer en Bohême.

que cette lugubre répétition des plus cruelles calamités de la guerre n'ait été faite par eux avec le plus grand entrain. En France, à tort ou à raison, nous rions des simulacres de ce genre; le maréchal de Castellane n'avait pu parvenir à nous les faire prendre au sérieux. Mais l'opinion publique surtout ne manquerait pas de s'émouvoir de la courte échéance que semblerait promettre une pareille répétition.

En raison de l'infériorité de leur armement et de la rapidité du tir prussien, leur tactique devait être défensive; c'est-à-dire qu'ils devaient éviter les engagements en ligne, rechercher les positions bonnes à occuper, les garder avec tenacité et ne les quitter que bien rarement pour se porter à la rencontre de l'ennemi. Mais, dans cette guerre, les Autrichiens, dominés par le souvenir de la campagne d'Italie, ont voulu imiter notre manière de combattre; ils l'ont fait de la façon la plus inopportune qu'il se puisse imaginer.

Eux aussi ont voulu, comme les Français, « aller de l'avant, » sans se dire qu'ils avaient devant eux une arme nouvelle et terrible pour qui cédera trop à son élan. Battus par cette tactique, ils ont cru pouvoir l'employer avec succès contre le premier ennemi qui allait se présenter devant eux. Ils connaissaient cependant le fusil à aiguille; ou bien alors, comme nous l'avons dit en commençant, les Prussiens n'en avaient pas, sous leurs yeux, tiré un bien grand parti dans la campagne du Sleswig.

N'attribuons pas cependant au fusil à aiguille une influence dans la campagne de 1866 plus grande qu'il ne le mérite; les Autrichiens eussent-ils eu un armement analogue, eussent-ils eu vingt mille bons tireurs tyroliens armés du meilleur fusil actuel se chargeant par la culasse, qu'ils n'en auraient pas moins été battus, du moment où l'extrême droite de leur ligne se trouva assaillie et débordée par une armée entière. Ce sont de pareilles manœuvres qui sont les plus sûrs garants d'une victoire.

IV

Comme conclusion, nous nous poserons à notre tour la question que le prince Frédéric-Charles posait à l'armée prussienne en 1860, après la campagne d'Italie.

Quel sera notre sort dans une guerre avec la Prusse ? Nous ne répondrons pas comme lui : « A « coup sûr nous la vaincrons. » Mais il nous est permis de répondre avec plus de modestie : Nous pouvons la vaincre ; et cela, parce que nous sommes en possession d'éléments de force au moins égaux, sinon supérieurs, à ceux que cette puissance peut réunir contre nous ; et parce que la campagne de 1866 a été pour nous un enseignement que nous avons su mettre à profit sans rien sacrifier de nos moyens antérieurs. Tout en conservant notre tactique, produit immédiat de notre caractère national, nos

règlements se sont pliés à cette variété, à cette simplicité et à cette souplesse de mécanisme dont les
armes à chargement rapide ont fait une loi impérieuse à toutes les armées. Nos instructions spéciales
sur l'emploi des tirailleurs, sur les combats; les
conférences ministérielles sur le rôle des trois armes, ont posé des préceptes simples, concis, pratiques et éminemment appropriés aux nouvelles
armes. Toutes sont empreintes de ce sérieux, de
cette sérénité que donne la conscience de sa propre force, sans faire appel à la jactance qui a toujours joué un grand rôle dans la tactique de nos
voisins. Quant à nos généraux, nous ne croyons
pas leurs talents stratégiques au-dessous des con-
ceptions plus audacieuses et surtout plus heureuses
que savantes des généraux prussiens. [1]

Mais il faut avouer que l'armée prussienne a
sur la nôtre un avantage bien précieux et qui peut
motiver l'opinion peu modeste qu'elle a d'elle-même.
L'esprit national en Prusse, depuis les succès de 1866

---

[1] Nous avons remarqué que dans les plus récentes manœuvres
qui viennent d'avoir lieu au camp de Châlons, on a habituellement représenté l'ennemi par une division combattant contre
deux. Malgré que dans un simulacre de cette espèce, il manque
les éléments qui décident presque souverainement de la valeur
de telle ou telle combinaison, nous pensons qu'il y a toujours
dans ce mode d'instruction un moyen d'enseignement plus sérieux pour tous, et que l'on devra généraliser autant que le
terrain et l'effectif des troupes le permettront.

et les événements politiques qui en ont été la conséquence, est vivement surexcité dans le pays aussi
bien que dans l'armée elle-même. Ces dispositions,
habilement entretenues, tiennent, de l'assentiment
de la nation, l'esprit militaire continuellement en
éveil, et mettent aux mains du souverain le levier
le plus puissant pour une préparation permanente
de la guerre en temps de paix, et la libre disposition
de tous les moyens moraux et matériels du pays en
temps de guerre. Chez nous, nos institutions militaires les plus fondamentales sont journellement
sapées et discréditées, l'existence même de l'armée
est sans cesse mise en discussion.

Dieu veuille que les doctrines dissolvantes aux-
quelles nous faisons allusion restent sans effet sur
l'esprit de nos soldats, et que la conscription militaire, malgré ses rigueurs nécessaires, ne cesse d'être
le palladium de la France. Mais l'ardente oppo-
sition à laquelle a donné lieu la loi sur la garde na-
tionale mobile et les lenteurs de sa mise à exécution
sont pour le pays un sérieux avertissement, et donnent la mesure du niveau d'un esprit public dont
il y a lieu de tenir compte.

Si l'esprit militaire n'a plus aujourd'hui dans la
nation tout l'appui qu'on pourrait désirer, ne ces-
sons pas, nous officiers, de réagir contre cet affais-
sement moral, et que tous nos efforts tendent à développer dans nos rangs l'esprit de discipline et
l'éducation militaire de nos soldats. Appliquons-

nous sans cesse à perfectionner tous les éléments de la force du pays, et nous ne doutons pas qu'au jour que les Prussiens appellent de tous leurs vœux, chaque soldat ou chaque garde national mobile ne quitte ses foyers avec empressement. La constitution de notre armée et celle de notre réserve nous donnent même la certitude que nous ne verrons pas encore de longtemps, chez nous, les désespoirs et la perturbation dans toutes les carrières et emplois civils, auxquels a donné lieu, en 1866, le rappel des landwehrs prussiennes.

V

En parlant de la colonne de compagnie, nous
avons dit que cette formation nous paraissait répondre le mieux à l'esprit de la tactique actuelle;
c'est-à-dire à l'impérieuse nécessité de se présenter
sur le champ de bataille dans un ordre qui permît
de n'offrir que peu de prise aux feux de l'ennemi,
et de pouvoir, soit se déployer pour faire promptement usage de toute sa mousqueterie, soit se re-
ployer pour marcher en avant, faire un effort offensif
sur un point donné; soit enfin de s'abriter, se cou-
cher à terre, sans trop de souci de l'alignement et
même de la manière de combattre des pelotons
voisins.

Nous avons dit qu'alors le rôle du chef de bataillon serait de tenir autant que possible tout son
monde dans la main, empêcher un engagement

prématuré, donner le signal du combat, le diriger, coordonner les uns avec les autres les mouvements des diverses fractions de son bataillon, contenir l'élan des uns, faire porter les autres en avant; enfin éviter ce décousu dont nous avons signalé les dangers dans la tactique prussienne, et conserver le plus possible l'unité tactique du bataillon au milieu de l'indépendance relative laissée à chaque compagnie; quant à lui, chef de bataillon, rester toujours dans la main de son colonel ou de son général de brigade[1].

En raison de cette manière de combattre, nos compagnies, même avec leur effectif sur le pied de guerre et leurs cadres réglementaires, nous semblent peu en mesure par leur force numérique de remplir ce nouveau rôle; surtout après les éliminations qui se produisent forcément dès le début d'une campagne. Si, d'autre part, on se bornait à leur donner un effectif plus considérable, les cadres seraient insuffisants, et le chef de bataillon, avec un front aussi étendu que celui de six fortes

---

[1] Nous croyons qu'il ne serait pas facile de donner une pareille instruction à un bataillon manœuvrant isolément et sur le terrain plat de nos champs d'exercices. Il serait même difficile d'introduire cet esprit et cet ordre d'idées dans la rédaction d'une école de bataillon. Aussi croyons-nous encore que nous serons obligés, imitant en cela les Prussiens, de représenter le plus souvent l'ennemi, même à l'école de bataillon; peut-être même, d'adopter ce qu'ils appellent les *Juges du camp*.

compagnies, pourrait-il bien remplir le rôle que nous venons de lui tracer? On dira que nous avons la colonne de division qui réduit à trois les petites colonnes que le chef de bataillon aura à tenir en mains au milieu du combat, et que cette colonne de division aura un effectif suffisant pour la mission dont nous avons parlé.

Mais nous répondrons que si la compagnie reste à son effectif actuel, elle n'a plus assez de monde pour manœuvrer isolément, surtout depuis l'adoption de l'escouade comme unité tactique élémentaire. Si, au contraire, on l'augmente, on dépasse d'abord les limites de l'effectif soldé qu'il est possible d'imposer au budget, et puis le bataillon déployé sera trop étendu pour obéir à la voix de son chef. La colonne de division formée de deux fortes compagnies aura un front de plus de soixante files, ce qui est déjà trop pour marcher hardiment en avant sous le feu de l'ennemi. Si elle se forme en colonne de quatre sections, c'est déjà une colonne assez profonde pour donner bonne prise aux projectiles de l'adversaire, et ne pas pouvoir se déployer aussi promptement que nous l'imaginons. En un mot, il faudrait augmenter la force numérique de la compagnie, sans augmenter l'effectif général de l'armée. Nous sommes donc amenés à penser que l'on devrait réduire le bataillon à quatre compagnies sur deux rangs, l'une d'elles fournissant habituellement les tirailleurs[1], bien que chacune des autres compagnies pût y être employée à son tour. Chacune de ces compagnies serait divisée en deux pelotons toujours accolés, et se numérotant de un à deux dans chaque compagnie, et non pas de un à huit dans tout le bataillon. Cette formation détruirait la symétrie à laquelle nous sommes accoutumés, par suite de notre habitude de manœuvrer le plus souvent par division ; mais est-elle bien nécessaire ? La colonne double, qui avait pour but de fournir le moyen de se déployer le plus promptement possible, n'aura plus la même raison d'exister avec un bataillon en colonne de trois compagnies marchant à demi-distance. Pour se déployer soit en avant, soit face à droite ou à gauche, il est aisé d'imaginer une prompte formation, surtout avec les nouveaux principes qui viennent d'être introduits dans nos manœuvres au sujet des inversions, du second rang, etc. Quant au carré, on peut toujours le former avec trois compagnies, la quatrième en réserve ; ou bien fermer la quatrième face avec le peloton en tirailleurs. Nous ne voyons donc dans l'organisation que nous allons proposer aucun obstacle relativement aux manœuvres.

La compagnie serait donc constituée ainsi qu'il suit :

[1] Voir le *Post-Scriptum.*

Officiers	Capitaine en 1er.... 1	
	Capitaine en 2e 1	
	Lieutenant en 1er ... 1	5
	Lieutenant en 2e ... 1	
	Sous-lieutenant 1	

Troupe	Sergent-major..... 1	
	Fourrier 1	
	Sergents 6	
	Caporaux, dont un caporal-fourrier ... 12	204
	Clairons 2	
	Tambours 2	
	Soldats-sapeurs. 4 / 180	
	Soldats. 176	

Chaque demi-section est commandée par un officier, le caporal-fourrier rentre à son escouade pour manœuvrer ou combattre. Il y a douze escouades, six par peloton, — 192 hommes dans le rang, quinze hommes et un caporal par escouade.

Le bataillon serait constitué ainsi :

Officiers	Etat-major........ 2	22
	Compagnies 20	

Troupe	Petit état-major 2	818
	Troupe 816	

Deux bataillons actifs donneraient un effectif de 1,636 combattants.

Dépôt. — Huit compagnies avec les cadres actuels, tant en officiers qu'en sous-officiers et caporaux (huit capitaines, huit lieutenants, huit sous-lieutenants). Ces huit compagnies permettraient de recevoir et d'instruire le plus grand nombre d'hommes qu'il soit possible d'appeler dans un dépôt. Dans le cas de la formation d'un troisième bataillon actif, on trouverait là de suite, presque toutes constituées, quatre compagnies que l'on remplacerait à loisir aux dépôts. Cette organisation du dépôt qui pourrait plus tard être ramenée à celle des bataillons actifs, si on le préférait, aurait pour le moment l'avantage de n'exiger aucune réduction dans les cadres actuels d'officiers. Elle ne serait que transitoire, pour en arriver dans la suite à une modification plus radicale. On pourrait de même mettre un chef de bataillon et le major au dépôt, si l'on ne veut pas supprimer un officier supérieur. A l'époque des fortes réductions d'effectif, on pourrait réduire les escouades à dix hommes, ce qui permettrait de renvoyer facilement dans leurs foyers 500 hommes dans les bataillons actifs, soit plus de 700 hommes dans tout le régiment; sans que pour cela l'instruction fût paralysée par l'insuffisance des effectifs. Cette organisation donnerait les moyens, le cas échéant, de faire de notables réductions sur l'effectif actuel, et au besoin sur les cadres, sans pour cela affaiblir l'armée.

D'autre part, le chapitre I de l'opuscule intitulé :

Observations sur l'instruction des tirailleurs, nous semble reconnaître en principe la nécessité d'une compagnie de tireurs d'élite. Les considérants y semblent énoncés presque à dessein ; et malgré que l'on ait tout récemment supprimé les compagnies d'élite, le but de cette nouvelle création serait si différent de l'institution caduque de nos grenadiers et voltigeurs, que nous ne croyons pas qu'il soit possible de s'appuyer sur cette suppression pour contester celle dont nous parlons. Pour nous, nous ne voyons pas quel inconvénient il y aurait à réunir dans une compagnie tous les meilleurs tireurs du bataillon. Il nous semble que l'on ne diminuerait ainsi que bien faiblement la valeur des feux dans le rang, et combien seraient plus efficaces ceux des tirailleurs !

Cette création, qui a déjà existé aux chasseurs à pied, a été supprimée, il est vrai ; mais pour deux raisons qui n'atteignent pas notre proposition. D'abord, on avait eu le tort de donner à la compagnie de carabiniers des armes et des projectiles d'un calibre différent de ceux du reste du bataillon. Il en résultait des difficultés pour l'approvisionnement des munitions, et la grosse carabine fatiguait beaucoup le soldat. Puis, à cette époque, les chasseurs étaient eux-mêmes armés d'une carabine dont la justesse les distinguait, comme tireurs, du reste de l'infanterie. Il a donc paru plus tard superflu de réunir à part les meilleurs tireurs, dans une troupe

qui était censée elle-même n'avoir que de bons tireurs. Aujourd'hui que les chasseurs à pied ont la
même arme que l'infanterie de ligne, et les mêmes
manœuvres, ils ont perdu leur qualité d'infanterie
légère. Si on ne leur met pas en mains une arme
supérieure à la nôtre, et qui fasse d'eux des tireurs
hors ligne, ils n'ont plus de raison d'être; car la
mission de protéger les batteries d'artillerie n'a été
imaginée que pour réserver la question à leur
égard, et ne peut d'ailleurs constituer un rôle suffisant pour motiver leur maintien. Avec la même
arme que nous, ils ne donnent pas à l'artillerie une
protection plus efficace que celle que pourrait lui
donner un quelconque de nos bataillons de ligne.

Par conséquent, étant admis que chaque bataillon doit avoir avec lui ses tirailleurs, et que les services que l'on peut avoir à demander dans une
bataille à de bons tireurs ne peuvent être rendus
que par des hommes d'une adresse exceptionnelle,
adresse que l'on n'obtient que par une éducation
toute spéciale, nous concluons que les chasseurs à
pied doivent être supprimés, et que les meilleurs
tireurs de chaque bataillon de ligne doivent être
réunis en une compagnie; faute de quoi, on ne tire
pas tout le parti possible de leur intelligence et de
leur adresse. Ces précieuses qualités restent con-
fondues en pure perte dans le rang, où, comme le
dit l'Instruction précitée, « le plus habile tireur n'a
« pas plus de valeur que le plus médiocre. »

Dans la composition de l'effectif d'une compagnie, nous avons mis quatre soldats-sapeurs munis de pelles et de pioches à manche mobile. Les hachettes d'escouade dispensent d'en donner aux sapeurs, lesquels seront du reste armés et formeront la dernière file de chaque section. L'emploi des tranchées-abris, ainsi que maintes prescriptions de l'Instruction sur les tirailleurs, rendent ces auxiliaires indispensables. Il serait même bon d'en augmenter le nombre.

On remarquera enfin, que l'organisation du bataillon que nous venons d'indiquer ne comporte rigoureusement aucune suppression dans les cadres actuels des officiers, et qu'elle diminue seulement le nombre des sous-lieutenants au profit du grade supérieur.

Si l'on nous demande la dernière conclusion de ce Mémoire, nous répondrons :

1º Que nous sommes grand partisan des Règlements de manœuvres des Prussiens, mais que nous ne pouvons approuver la manière dont leur infanterie a combattu, et encore moins les conséquences avantageuses qu'ils en ont déduit;

2º Que nous trouvons la plupart de nos propres Règlements arriérés, sans valeur pratique, et notre manière de combattre supérieure à ces mêmes Règlements ;

3° Que nous devons enfin faire tous nos efforts pour mettre d'accord nos Théories écrites avec notre pratique habituelle sur le champ de bataille.

POST-SCRIPTUM

On nous a objecté que les chasseurs à pied te-
naient encore aujourd'hui, autant qu'autrefois, leur
raison d'être dans la facilité qu'ils donnaient à un
général de détacher, pour une mission particu-
lière, une ou plusieurs compagnies et même un
bataillon entier, sans désorganiser les fractions
constituées, bataillons ou régiments, sous son commandement ; qu'ainsi, ils peuvent être très utile-
ment employés à l'escorte d'un convoi, à l'avant-
garde, au soutien de l'artillerie divisionnaire, à la
protection d'un flanc menacé et même quelquefois
des escadrons attachés à chaque division ; enfin,
qu'à ce point de vue, il serait plutôt à désirer d'en
voir augmenter le nombre, pour qu'il fût possible
d'en placer un bataillon sous la main de chaque
général de brigade.

Nous ne contestons pas ce que cette opinion peut avoir de fondé, surtout si l'on devait n'avoir que quatre compagnies par bataillon, et deux bataillons actifs par régiment. Mais l'on nous accordera alors que le chasseur à pied n'est plus, dans cet ordre d'idées, le tireur habile et le tirailleur particulièrement exercé qu'avait en vue le décret d'organisation de cette troupe. Comment pourrait-il s'attribuer cette spécialité, aujourd'hui qu'il ne diffère du soldat de ligne que par la couleur de son uniforme ?

Si les bataillons de chasseurs à pied peuvent encore exister, au point de vue précédemment indiqué, ils ne sont plus alors qu'une troupe en quelque sorte hors-rang, et dont l'existence est étrangère à toute considération de tir. Assurément, un général sera toujours fort aise d'en avoir sans cesse un bataillon à sa disposition pour toute mission éventuelle. Nous croyons même qu'un de ces bataillons, formant corps, aura plus d'indépendance, et sera mieux préparé, mieux organisé pour agir seul, loin quelquefois de sa brigade, que ne saurait l'être un bataillon de ligne, retenu à son régiment par tous ses besoins matériels, et par une foule de formalités administratives.

Mais le rôle de ce bataillon ne devra jamais consister à servir de tirailleurs pour couvrir sa division ou sa brigade ; il ne pourra pas davantage, même fût-il par la suite mis en possession d'un

armement supérieur au fusil du soldat de ligne,
fournir les tireurs habiles dont un chef de bataillon
pourra avoir besoin quelquefois, inopinément, hors
de la vue de son général. La tactique actuelle, surtout avec l'emploi des colonnes de compagnie, et la
grande latitude laissée sur le champ de bataille au
chef de bataillon et même au capitaine, permettent
de croire à des nécessités de cette nature.

On nous a encore objecté que ce serait une organisation vicieuse, que celle qui consisterait à
réunir dans une seule compagnie les meilleurs tireurs d'un bataillon; que ce serait affaiblir, comme
autrefois pour les compagnies du centre, la force
morale et physique de chaque compagnie, en la
privant de ses meilleurs éléments au profit d'une
seule; que, par une instruction soutenue, on pourra
arriver à ce qu'il n'y ait presque plus de mauvais
tireurs, ou du moins à ce qu'ils ne soient plus que
l'exception; et qu'ainsi toutes les unités de l'armée
française, compagnies, bataillons ou régiments,
pourront être aptes à faire, toutes indistinctement,
le service de tirailleurs.

Certainement, c'est là un résultat désirable; et
l'excellence de notre fusil modèle 1866 que nous
tenons, sous le rapport de la justesse, comme la
meilleure arme de guerre qu'il soit nécessaire de
mettre entre les mains d'un soldat, a déjà permis
de constater d'une manière bien marquée le niveau
très supérieur de l'adresse moyenne au tir, dans

tous les rangs de l'infanterie. A des hommes qui tireront le plus souvent par salve, ou à volonté au milieu d'une épaisse fumée, une bonne adresse moyenne suffit; elle leur donne la confiance dans leur arme, le sang-froid dans le rang indispensables pour tirer de leurs feux sur une ligne ou une colonne ennemies le parti le plus avantageux. Mais s'il y a à côté d'eux d'excellents tireurs, nous l'avons déjà dit [1], ils ne rendent pas plus de services que les tireurs médiocres; tandis que, hors du rang, ils en rendraient de bien plus certains et de plus efficaces. S. Exc. le Ministre de la guerre, sans cesse préoccupé de tous les détails de la plus minutieuse préparation d'une entrée en campagne, vient d'affirmer par une décision récente [2] tout ce qu'il y a à redouter de quelques bons tireurs bien postés.

[1] Observations sur l'instruction des tirailleurs. Page 6.

[2] Une décision ministérielle du 7 juin 1869 prescrit que les officiers d'infanterie porteront à l'avenir, en campagne, pardessus leur uniforme, une capote de drap gris bleuté semblable à celle des soldats.

Nous avons tous été frappés de la perte énorme d'officiers que les Autrichiens ont éprouvée à la bataille de Sadowa, comparativement à celle des Prussiens. Ceux-ci n'avaient guère que 6,000 combattants de plus que l'armée alliée Autrichienne et Saxonne; ils ont eu 100 officiers tués et 260 blessés. Les Autrichiens et les Saxons ont eu 1,354 officiers tués et 463 blessés.

La proportion peu commune entre les morts et les blessés Au-

Nous maintenons donc le besoin pour un chef de bataillon et même pour un capitaine, tout aussi bien que pour un général, d'avoir toujours à sa disposition un certain nombre de tireurs choisis, sur le feu desquels ils puissent compter pour remplir un but donné. Ce besoin s'impose à nous d'une façon d'autant plus impérieuse, que la plupart des armées étrangères ont une troupe organisée à cet effet, et dont les services ont été signalés en Italie et en Bohême d'une manière trop évidente, pour que nous ne nous mettions pas en mesure de riposter avantageusement.

Les Russes ont des tirailleurs de division et des

trichiens fait tout d'abord supposer que le service de leurs ambulances a dû laisser beaucoup à désirer, et qu'il n'a pas suffi à sa tâche. D'autre part, lorsqu'on compare le nombre des officiers Prussiens restés sur le champ de bataille à celui des officiers Autrichiens, ne trouve-t-on pas dans cette formidable différence la confirmation de cet élan intempestif auquel ces derniers ont eu le plus grand tort de s'abandonner et d'entraîner leur troupe. — N'y trouve-t-on pas encore la preuve des services immenses que peuvent rendre de bons tirailleurs, bien choisis et s'attaquant de préférence aux officiers, ainsi que l'ont pratiqué dans toute cette campagne les tirailleurs prussiens, favorisés en cela par une organisation spéciale ?

Ces résultats statistiques nous fournissent à nous-mêmes un enseignement dont nous devons profiter, en ce moment où nous sommes en voie d'améliorations dans notre organisation et dans notre tactique. Nous devrons surtout nous en souvenir sur le champ de bataille, et nous tenir en garde contre notre *furia francese*.

tirailleurs de bataillon, qui sont à la fois habiles tireurs et tirailleurs particulièrement exercés. Néanmoins nous ne préconiserons pas cette organisation dont les détails de la mise en pratique sont évidemment contraires à l'esprit de notre tactique.

Les Autrichiens ont des corps spéciaux, et principalement des Tyroliens, qu'ils emploient comme tirailleurs et surtout comme bons tireurs isolés. On peut envier l'adresse de ces derniers, mais c'est encore là une organisation que nous ne devons pas imiter.

L'organisation Prussienne rentre mieux dans l'esprit de la tactique moderne; chaque compagnie a avec elle ses tirailleurs particuliers, choisis parmi les hommes les plus intelligents comme tirailleurs, parmi les plus adroits comme tireurs. Ils forment le troisième rang de chaque compagnie et s'en détachent, selon les besoins, au commandement d'un officier. A ce sujet, nous devons citer les principes généraux de l'emploi du troisième rang dans l'infanterie prussienne; ils sont dignes de toute l'attention de qui s'occupe d'organisation et de tactique militaires.

« L'infanterie doit pouvoir combattre, en pays
« ouvert ou entrecoupé, contre des troupes en
« ordre serré ou à la débandade. Chaque bataillon
« et chaque compagnie possède, à cet effet, une
« partie de troupe destinée à agir à rangs serrés,
« et une autre destinée à combattre à la débandade;

« les deux premiers rangs servent dans le premier
« cas, et le troisième rang dans le second.

« Les subdivisions destinées au combat à rangs
« serrés doivent attacher la plus grande impor-
« tance à leur liaison intérieure, aux feux en masse
« et à l'attaque à la baïonnette ; les subdivisions des-
« tinées au combat en tirailleurs chercheront au
« contraire leurs avantages dans l'habileté indivi-
« duelle du tir, et dans l'emploi convenable du ter-
« rain, en profitant des découverts qu'offre l'en-
« nemi.

« En établissant cette destination générale, on
« n'entend pas cependant qu'une subdivision ne
« soit pas en état de remplir la mission de l'autre
« au contraire, il importe que les deux premiers;
« rangs du bataillon puissent également combattre
« en tirailleurs, comme le troisième rang doit
« savoir combattre à rangs serrés.

« Le combat de l'infanterie est un échange de mu-
« tuels services entre les tirailleurs et les combat-
« tants de l'ordre serré. Lorsque le troisième rang
« combat en tirailleurs, il se retire sur le bataillon
« aussitôt qu'il ne peut plus résister à l'ennemi, ou
« bien le bataillon marche à son soutien.

« Comme le troisième rang ne fait jamais usage
« de son feu en même temps que les deux autres
« rangs (excepté dans le carré), il pourra encore
« être employé, dans des cas particuliers, à d'autres

« usages que celui indiqué ci-dessus, et il offre
« notamment l'avantage d'une réserve toujours
« prête.» *(Règlement d'exercice du 25 février 1847,
pour l'infanterie de l'armée royale prussienne. —
Traduit de l'allemand.* Chap. XVIII. [1])

Nous n'osons proposer de rétablir chez nous le
troisième rang pour y placer nos meilleurs tirailleurs, bien qu'il ne fût pas impossible de l'adapter
à nos Théories les plus récentes, et de le faire fonc-
tionner comme il est dit ci-dessus, et conformément aux principes de la Théorie prussienne. Mais,
puisqu'on semble avoir négligé d'y faire un em-
prunt, qui n'eût peut-être pas manqué d'obtenir

---

[1] Le Règlement que nous venons de citer est déjà fort ancien,
et nul doute que les Prussiens ne lui aient substitué depuis
longtemps une ordonnance plus conforme aux méthodes de
guerre qu'ils ont pratiquées dans ces derniers temps. Mais tel
qu'il était, le Règlement prussien de 1847 était conçu et rédigé
dans un esprit et d'après un plan bien différents de ce que nous
trouvons dans nos propres Règlements; il révélait déjà une portée
pratique inconnue dans les nôtres. On y trouve des observations,
des recommandations si instructives, que nous répéterons encore
ici ce que nous avons dit en commençant : qu'il n'est pas de
meilleur enseignement pour un officier que l'étude des Règlements des armées étrangères.

Aussi émettons-nous le vœu qu'une traduction française des
plus récents Règlements prussiens et autrichiens vienne bientôt
satisfaire notre studieuse curiosité. Ce sera le complément de
l'œuvre à laquelle se sont voués récemment quelques laborieux
officiers. L'armée leur en sera reconnaissante ; elle leur a déjà
accordé la plus honorable notoriété.

une sanction unanime, ne pourrions-nous pas adopter une formation à peu près analogue, et qui permettrait, selon les circonstances, d'employer les bons tireurs soit en ligne, soit en tirailleurs, soit enfin de les détacher par groupe, sans désorganiser l'ordonnance de la compagnie ? Pour cela, les tireurs les plus adroits, et en nombre proportionnel à l'effectif de la compagnie, seraient, suivant leur taille, placés à la première ou à la huitième escouade. Ces deux escouades extrêmes pourraient ainsi, tantôt rester dans le rang, si le bataillon entier est couvert par une compagnie constituée, tantôt couvrir leur propre compagnie; tantôt être tenues en réserve, tantôt être détachées sur un point donné; enfin, être sans cesse disponibles dans la main du chef de bataillon et du capitaine pour toute mission possible, commé réserve du bataillon ou de la compagnie. Les deux caporaux seraient choisis en conséquence de cette spécialité. A l'appel du chef de bataillon ou du capitaine, un officier désigné d'avance en prendrait le commandement. Il nous semble que cette formation est de nature à lever tous les scrupules, et qu'elle n'affaiblira en rien les compagnies; car, il sera toujours loisible de laisser ces hommes à leur place de bataille, quand une nécessité supérieure n'obligera pas à les employer hors du rang.

Nous présentons ce détail d'organisation de la

compagnie comme modification aux conclusions que nous avons posées précédemment, relativement à la formation d'une compagnie de tireurs d'élite par bataillon.

FIN

www.ingramcontent.com/pod-product-compliance
Ingram Content Group UK Ltd.
Pitfield, Milton Keynes, MK11 3LW, UK
UKHW020032100726
13658UKWH00003B/1266